Este livro pertence a:

....

Direção de arte: Trini Vergara
Ilustrações: Paul Gilligan
Tradução: Maria Alzira Brum Lemos
Edição e design: María Inés Linares
Diagramação: Dora Murano
Colaboração editorial: Cristina Alemany - Angélica Aguerre

Título original: On your mark, get set, grow!

www.livropresente.com

Rua José Felix de Oliveira, 1205
CEP 06708-645 – Cotia – SP – Brasil
Tel./Fax: (55 11) 4612-2866
e-mail: editoras@livropresente.com.br

ISBN 978-85-7683-202-7

Impressão e acabamento: Geográfica e Editora Ltda.
Printed in Brazil

Madaras, Lynda
Em suas marcas, apontar... crescer!: tudo o que um garoto quer saber sobre a adolescência;
Lynda Mandaras; [tradução Maria Alzira Brum Lemos].
Cotia, SP: Vergara & Riba Editoras, 2009.
Título original: On your mark, get set, grow!

ISBN 978-85-7683-202-7

1. Adolescentes (Meninos)
2. Puberdade - Literatura infanto-juvenil I. Título.

09-05020 CDD-028.5

FSC
Fontes Mistas
Grupo de produto proveniente de florestas bem manejadas e madeira ou fibra reciclada
Cert no. SW-COC-1662
www.fsc.org
© 1996 Forest Stewardship Council

A marca FSC é a garantia de que a madeira utilizada na fabricação do papel interno deste livro provém de florestas de origem controlada e que foram gerenciados de maneira ambientalmente correta, socialmente justa e economicamente viável.

LYNDA MADARAS

Em suas marcas, apontar... crescer!

Tudo o que um garoto quer saber sobre a adolescência

V&R Editoras

Para Al, o Grande

Olá!

Meu nome é Lynda Madaras e escrevo livros sobre o desenvolvimento e a puberdade. Além disso, dou aulas e oficinas sobre este assunto.

Escrevi meu primeiro livro com minha filha, Area. Naquele momento, ela estava passando pela puberdade e me deu sua opinião a respeito do que as garotas sentem nessa fase. Meu segundo livro foi dedicado aos meninos, e os garotos das minhas turmas me ajudaram muito a entender este assunto a partir do ponto de vista deles.

Alguns anos se passaram depois disso. Ao longo deles, escrevi mais e dei muitas aulas. Quando estava para começar este livro, entrei em contato com meus primeiros alunos; obviamente, agora já são adultos. Foi divertido conversar com eles; alguns até estão casados e já são pais!

Aproveitei a oportunidade do reencontro para lhes pedir que lembrassem como tinham vivido a puberdade. Desejava saber o que tinha sido mais difícil para eles. Muitos mencionaram a mesma coisa: a necessidade de se mostrar como "machos" diante de seus amigos e, ao mesmo tempo, os sentimentos contraditórios com os quais lutavam e que, com frequência, não eram exatamente os de um "macho".

A puberdade desperta fortes emoções. É possível que as mudanças que acontecem no seu corpo o assustem um pouco ou o deixem confuso sobre como deve se comportar. Talvez até comece a ficar romântico!

Muitos garotos acham mesmo que ao crescer devem parecer "machos". Mas é muito difícil viver com essa atitude o tempo todo. De acordo com ela, supõe-se que os homens "de verdade" não demonstram o que sentem e nunca experimentam confusão, insegurança nem medo.

No entanto, nada disso é verdade: os homens podem sim ficar confusos, inseguros e inclusive temerosos. E esses sentimentos não desaparecem com o simples gesto de escondê-los.

Espero que este livro o ajude a conversar com sua família sobre a puberdade e o que você pensa a respeito dela. Você pode lê-lo com seu pai, sua mãe ou algum bom amigo, e comentá-lo. E espero, especialmente, que ele o faça se sentir bem com você mesmo e com seus sentimentos.

Essa tal de puberdade

Um tempo de grandes mudanças

1

Que você está crescendo, não é novidade. Não parou de fazer isto desde o dia em que nasceu! Mas desta vez é especial.

Talvez você tenha notado que seus órgãos genitais estão aumentando. Talvez tenham crescido alguns pelos em partes de seu corpo que antes eram lisas, por exemplo, em volta dos genitais. Ou seu pênis fica rígido com frequência, sem que você consiga evitar! (Isto se chama *ereção*.)

Diante destas mudanças tão estranhas, pode ser que você esteja pensando: "Será que sou um ET?"

Claro que não! Você é totalmente NORMAL! Só está entrando na puberdade.

E se ainda não aconteceu nada disso com você? Significa que é um ET?

É claro que não! Você ainda não entrou na puberdade, mas cedo ou tarde entrará, como todo mundo.

O que é?

A puberdade é o período em que o corpo de um menino se transforma no de um homem. Isso não acontece de repente: pode demorar de dois a cinco anos (ou mais).

Como começa? O primeiro indício costuma ser o crescimento dos **testículos** e do **escroto**. Os testículos são dois órgãos em forma de ovo que se encontram dentro do escroto. Este é um saco de pele que fica atrás do **pênis**.

Nem todos os garotos notam estas primeiras mudanças. Em seguida ocorrem muitas outras, que provavelmente você já conhece. Nas minhas aulas costumamos fazer um jogo: divido a turma em equipes e dou para cada uma um desenho do corpo de um homem e alguns lápis. Cada equipe escreve, até que digo que parem. O grupo que fez a lista mais longa vence.

Na página seguinte, você pode ler uma das vencedoras.

Talvez você não saiba o que significam algumas palavras desta lista. Não importa: para isso serve este livro, para informá-lo sobre todas elas.

LISTA DE MUDANÇAS

- Aparecem os pelos púbicos
- Crescimento muito rápido
- Os músculos ficam maiores
- Os ombros se alargam
- Os pelos nos braços e pernas ficam mais escuros
- Crescem pelos nas axilas
- O pênis e os testículos crescem
- Aparecem barba e bigode, e você começa a se barbear
- Você sua mais
- O tom de voz muda
- O cheiro corporal muda
- Aparecem cravos e espinhas
- Você tem mais ereções
- Começa a ejacular
- Tem poluções noturnas ou "sonhos molhados"

O ponto de partida

Nem todos os garotos entram na puberdade na mesma idade. Alguns entram assim que completam 8 anos, mas muitos outros só o fazem por volta dos 15.

"Tenho 50 e ainda pareço jovem. Em compensação, alguns dos meus amigos tinham barba no oitavo ano e agora parecem muito mais velhos do que eu."

"E pensar que eu achava que estava 'atrasado' no meu desenvolvimento! Agora vejo que não era assim. Na verdade, estava na média."

"Eu era de baixa estatura e parecia um garotinho. Já o meu melhor amigo tinha barba crescendo por todo o rosto."

Não importa se você começa a se desenvolver mais tarde. Seu corpo é especial e você deve ter orgulho dele. Além disso, crescer um pouco mais devagar tem suas vantagens: você pode aproveitar a sua infância por mais tempo. Com frequência, aqueles que entraram mais jovens na puberdade gostariam de fazê-lo mais tarde, para não se sentirem tão diferentes dos outros.

"Eu comecei a me desenvolver muito cedo. A verdade é que foi muito rápido; eu não gostava de ser tão diferente dos meus amigos."

Lembre-se: todos os meninos são diferentes e seu corpo cresce na velocidade mais adequada para você. Em alguns anos, não vai mais importar quem começou primeiro ou por último. Todos serão adultos!

Sentimentos contraditórios

"A puberdade não foi uma coisa que um dia aconteceu de repente. Foi se colocando na minha vida sigilosamente, pouco a pouco."

"Meus primeiros pelos púbicos apareceram quando eu estava no quarto ano. Eu me senti adulto."

"Meu irmão tirou sarro quando meus pelos púbicos começaram a crescer. Então, sempre que saía do chuveiro, me cobria porque sentia vergonha."

Você pode estar orgulhoso de ter chegado à puberdade, ou talvez sinta vergonha ou um pouco de medo ao pensar em todas estas mudanças.

Quando se sentir orgulhoso, aproveite. Caminhe com a cabeça erguida. Se você está assustado, ânimo: você não está sozinho! Há outros garotos que se sentem como você.

Todos passam pelas mesmas etapas. E todos as superam!

Sou um homem ou um menino?

Ao entrar na puberdade, você pode achar que é hora de se comportar de outra maneira.

"Todos dizem que nesta etapa a gente se torna homem. Mas eu só quero continuar sendo criança. Não estou preparado para ser adulto."

Você ainda tem muito tempo. Embora seu corpo esteja mudando, você pode continuar sendo criança. Pode subir em árvores, ser "só amigo" das garotas, se comportar como um bobo e brincar. Pode agir como adulto por um instante e depois voltar a ser criança. Você decide. Seja o que der na telha!

O fato é que a puberdade é uma etapa difícil para todo mundo. Mas, se você aprender o máximo possível a respeito, passará muito melhor por ela. Leia este livro com seu pai, sua mãe ou com outro adulto em quem você confia e exponha suas dúvidas. A puberdade assusta menos quando você já sabe o que vai acontecer.

Também é uma boa ideia conversar com seus amigos sobre as mudanças que cada um está sentindo, e até fazer brincadeiras a respeito (sem ofender ninguém, é claro). Quanto mais souber e conversar sobre o assunto, mais fácil será!

O desenvolvimento lá embaixo

2

"Realmente não percebia que meus genitais estavam crescendo. Quando apareceram os pelos púbicos, comecei a prestar mais atenção nisto. E então notei que meus testículos estavam maiores."

Seus órgãos genitais

Os órgãos sexuais que estão fora de seu corpo são o pênis e o escroto. O pênis tem um corpo e uma ponta mais larga chamada **glande**.

Os garotos inventam muitos nomes engraçados para o pênis, como "cara" ou "amigão". Também há apelidos para a glande (às vezes é chamada de "cabeça") e para os testículos (estes são os mais variados e populares).

Os genitais crescem

Os testículos e o escroto se desenvolvem primeiro, no início da puberdade. O pênis cresce mais tarde. Mas nada disso acontece da noite para o dia; demora de dois a cinco anos, aproximadamente.

Os médicos descrevem cinco etapas do crescimento dos genitais. Observe as imagens a seguir. Consegue perceber em qual delas você está?

Etapa 1: A infância

Todo seu corpo cresce durante a infância, mas os genitais só crescem um pouquinho.

Etapa 2: Começa a puberdade

Os testículos e o escroto começam a aumentar. O pênis ainda não. O escroto se alonga e pode avermelhar ou escurecer, a pele afina e afrouxa; ficará mais enrugada.

Os médicos podem medir o tamanho dos testículos. Se eles estiverem com 4 ml (abreviatura de mililitros) ou mais, é provável que você já esteja na Etapa 2. Isso pode acontecer em qualquer momento entre os 8 e os 15 anos. Em alguns meninos, os pelos púbicos aparecem durante a Etapa 2, já em outros, isto acontece mais tarde.

Etapa 3: O pênis se alonga

Os testículos também crescem mais durante esta etapa. A pele do pênis escurece, da mesma forma que a do escroto.

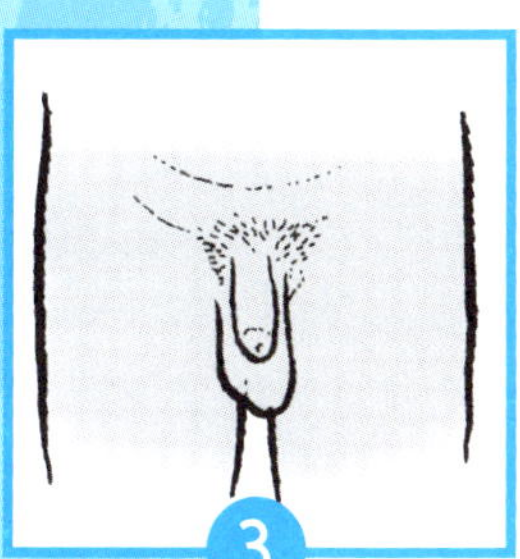
3

Em muitos garotos os pelos púbicos começam a aparecer neste momento.

4

Etapa 4: O pênis se alarga

Também continua se alongando, mas as mudanças são percebidas principalmente no diâmetro e na glande. Os testículos continuam crescendo e o escroto pende mais para baixo.

Quase todos os meninos já têm pelos púbicos quando começa a Etapa 4. Mas em alguns, eles não crescem até que esta comece.

5

Etapa 5: Adulto

Os testículos alcançam seu desenvolvimento máximo (em geral, entre 14 e 27 ml).

O escroto está totalmente desenvolvido, assim como o pênis.

Circuncisão

As ilustrações apresentadas aqui mostram o pênis de um menino que não foi circuncidado. A **circuncisão** é uma operação em que se corta o **prepúcio.** Esta é uma parte especial da pele, que recobre a glande. Em geral, esta intervenção é feita poucos dias depois de o menino nascer. Quase sempre se realiza por razões religiosas (a comunidade judaica, por exemplo, pratica a circuncisão em todos os meninos).

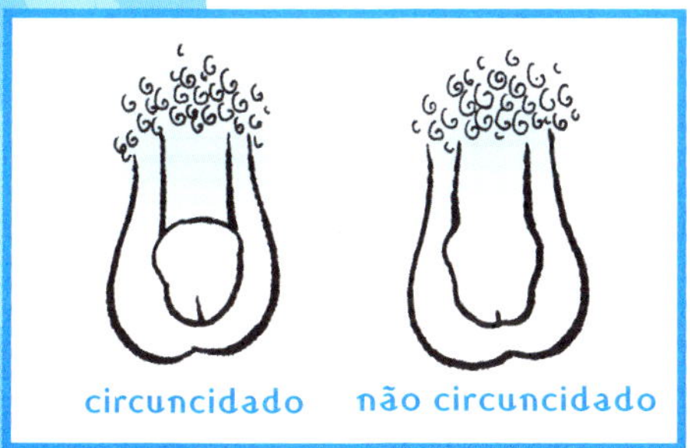

Nos adultos, o prepúcio pode se deslocar para trás, deixando a glande descoberta. Isto também acontece em alguns garotos.

Se você não consegue movê-lo, não se preocupe; com o tempo ele vai se afrouxar. Mas atenção: nunca puxe o prepúcio à força!

A higiene é fundamental

Lembre-se de lavar os genitais todos os dias com sabonete suave e água. Se tiver prepúcio, puxe-o delicadamente para trás e lave também a glande. Se não conseguir colocar o prepúcio para trás, não se preocupe; lave-o apenas por fora. Caso o sabonete cause ardência, utilize apenas água.

Perguntas e respostas

P: **Meus dois testículos começaram a crescer ao mesmo tempo. Mas agora o esquerdo fica bem mais para trás que o direito. É normal?**

R: Sim. Na maioria dos homens o testículo esquerdo fica mais abaixo e o direito é um pouco maior. Às vezes, acontece o contrário. Mas qualquer das duas formas é perfeitamente normal.

P: **O que devo fazer se me derem um chute nos testículos e doer muito?**

R: Coloque compressas frias ou uma bolsa de gelo imediatamente depois do incidente. Também é bom se deitar. Se a dor começar a aliviar em mais ou menos uma hora, o mais provável é que não seja nada grave. Mas caso a dor fique mais forte, procure um médico ou se dirija imediatamente ao setor de emergências de um hospital. Faça isso também se acontecer alguma destas coisas:

- Os testículos estão machucados ou inchados.
- Dificuldade para urinar.
- Há sangue na urina, ou esta tem cor rosada.

A melhor coisa a fazer é prevenir. Se você pratica esportes, existe maior probabilidade de que machuque os testículos, então tente usar um suporte ou outro tipo de proteção.

P: Tenho uma aréola marrom ao redor do pênis. Sempre esteve ali. O que é?

R: Suponho que você foi circuncidado. Se for isto, deve ser a cicatriz de quando cortaram seu prepúcio.

P: Tenho um único testículo no escroto, desde que nasci. Devo procurar um médico?

R: Sim, embora não tenha por que se preocupar. Talvez você fique um pouco envergonhado, mas o médico não vai se ruborizar: ajudar a cuidar do seu corpo é o trabalho dele.

P: **Acho que estou na Etapa 3 do desenvolvimento, e agora está acontecendo uma coisa estranha com minha voz. Às vezes fica alta e aguda. Por quê?**

R: Durante a puberdade suas cordas vocais engrossam e crescem. Isso faz com que sua voz fique mais grave; mas, enquanto as cordas crescem, pode ficar aguda e desafinada.

¿?¿?¿?¿?¿?¿?¿?¿?¿?¿?¿?¿?¿?¿?¿?¿?

Pelos por toda parte!

Tudo o que precisa saber sobre pelos corporais e faciais

3

A puberdade é uma etapa muito "cabeluda". Você não vai se transformar em um "menino lobo", mas com certeza aparecerão pelos em determinadas partes do seu corpo.

Os pelos púbicos

"Vi que meus irmãos mais velhos tinham pelos púbicos e me perguntei: 'Quando vão crescer em mim?'"

"Não queria ter pelos por toda parte. Não gostava que os pelos púbicos crescessem."

Os homens adultos têm um triângulo de pelos curtos e encaracolados que crescem em volta dos genitais. São chamados de **pelos púbicos**. Alguns têm em muita quantidade, enquanto outros nem tanto. Podem ser ruivos, pretos, castanhos ou loiros. Nem sempre são da mesma cor do cabelo. Começam a aparecer pouco depois do começo do desenvolvimento dos genitais.

Etapas do crescimento

Da mesma forma que os genitais, os pelos púbicos crescem em cinco etapas. Você consegue ver em qual está?

Etapa 1: A infância

Talvez perceba alguns pelos bem finos e curtos que crescem na barriga e em outros lugares, mas ainda não há pelos púbicos.

Etapa 2: Os primeiros pelos

Aparecem em quase todos os garotos entre os 8 e os 15 anos, mas pode acontecer antes ou depois dessas idades.

Etapa 3: Continua o crescimento

Ficam encaracolados, mais escuros e cobrem uma superfície maior.

Etapa 4: Pelos ainda mais encaracolados e grossos

Há mais quantidade do que na Etapa 3. Formam um triângulo, mas não cobrem uma superfície tão ampla como o farão na Etapa 5.

Etapa 5: Adulto

Os pelos púbicos formam um triângulo espesso que chega até a borda das coxas.

3

4

5

Em alguns homens, estendem-se também até as coxas, e às vezes podem se aproximar do umbigo.

É possível que o crescimento dos pelos púbicos não coincida com a etapa de desenvolvimento dos genitais. É perfeitamente normal!

Os pelos axilares e corporais

Durante a puberdade, começam a crescer pelos nas axilas. Na maioria dos meninos, os pelos axilares aparecem um ou dois anos depois dos púbicos. Mas em alguns surgem quase no final da puberdade. E em outros, são os primeiros que crescem.

Os pelos nos braços e nas pernas também mudam durante a puberdade: ficam mais grossos e escuros, e é possível que haja em maior quantidade. Podem aparecer, além disso, no peito, nos ombros, nas costas, nas nádegas ou no dorso das mãos. A quantidade depende de seus antecedentes familiares.

Os pelos faciais

"Aos 14 anos tinha uma barba muito leve. Então comecei a fazer, mas só uma vez a cada três ou quatro dias."

Talvez você já tenha os genitais bem desenvolvidos quando perceber pela primeira vez o bigode. É comum que ele apareça durante a Etapa 4. Na maioria dos meninos, isso acontece entre os 13 e os 16 anos.

Os primeiros pelos faciais crescerão nos cantos externos do lábio superior. À medida que você amadurece, ficarão mais grossos e escuros. A barba e o bigode podem ser da mesma cor que seu cabelo ou de outra. Aos 18 anos, é possível que você já tenha a barba espessa e grossa. Mas em muitos homens, ela ainda continua crescendo depois dos 20.

Alguns conselhos para suas primeiras barbeações

"A primeira vez que fiz a barba usei o barbeador elétrico do meu pai e me meti numa encrenca. Quando ele foi usá-lo, viu que estava quebrado. Eu estava emocionado quando fiz a barba pela primeira vez, mas agora acho que é uma tarefa chata, então deixei crescer."

Há diferentes tipos de aparelhos para barbear. Alguns homens usam barbeadores elétricos, mas estes costumam ser caros. Outros utilizam aparelhos manuais; alguns possuem lâminas intercambiáveis e outros são descartáveis. A maioria prefere estes últimos, pois são fáceis de usar; entretanto, duram apenas algumas poucas barbeações. Talvez seja mais conveniente usar um que permita substituir as lâminas.

Tenha cuidado na primeira vez que fizer a barba; é fácil se cortar. Além disso, as lâminas (especialmente, se já estão gastas) podem cortar a pele e provocar uma irritação em forma de uma vermelhidão muito incômoda. Peça conselho ao seu pai, a um irmão mais velho ou a um amigo.

Utilize água quente para umedecer os pelos. Depois, aplique creme ou gel de barbear. Não use sabonete comum porque tira o fio da lâmina; além disso, não proporciona um efeito liso e suave. Deixe a água e o creme agirem por alguns minutos para que os pelos suavizem e a lâmina deslize mais facilmente.

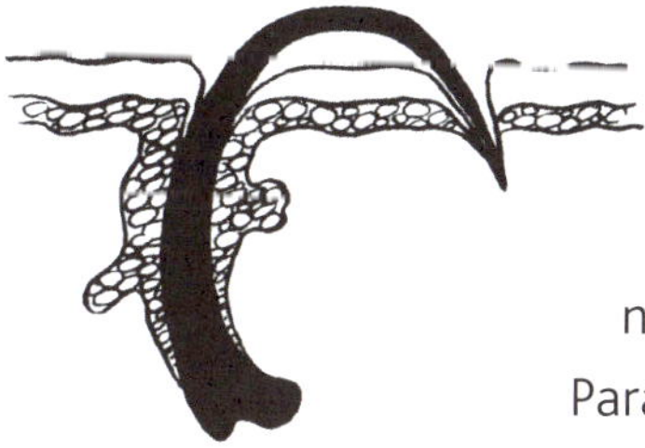

O aparelho corta a barba em ângulo. As pontas cortadas podem encaracolar e penetrar novamente na pele, produzindo espinhas dolorosas. Para evitar este problema, faça a barba sempre na direção em que os pelos crescem. No entanto, alguns homens se barbeiam no sentido contrário embaixo do queixo, pois assim fica mais liso. Tente não fazer isto se costuma ter pelos encravados.

Mais conselhos para fazer a barba sem riscos:

· Faça-a lentamente e com a mão leve. Não passe o aparelho pelo mesmo lugar muitas vezes; não importa se não tirar até o último pelo.

· Assegure-se de que a lâmina esteja limpa, afiada e sem rachaduras. Troque-a sempre, já que, depois de quatro ou cinco barbeações, ela costuma perder o fio.

· Retire com frequência os pelos que ficam no aparelho enquanto faz a barba, e especialmente quando terminar.

· Ao finalizar, enxágue a pele com água fria e enxugue-a dando tapinhas leves (não esfregue). Você sentirá a pele muito sensível por um tempo.

· Nunca empreste nem peça emprestado um barbeador ou um aparelho; é anti-higiênico e pode contagiá-lo com germes e bactérias.

Perguntas e respostas

P: Meus pelos púbicos começaram a crescer e tenho só 9 anos. É normal? Meus amigos riem de mim.

R: Não tem nada de errado. Muitos meninos de sua idade têm pelos púbicos. Quanto a seus amigos, você não pode fazer muito a respeito. Talvez a melhor saída seja rir junto com eles. Afinal de contas, eles também terão pelos e então todos estarão no mesmo grupo.

P: Não tenho muito pelo no corpo. Será porque sou de ascendência asiática?

R: Nem todos os homens são iguais. Alguns têm mais pelos púbicos que outros. A quantidade depende, em parte, da ascendência étnica. É verdade que os homens asiáticos têm menos pelos que os de outras etnias.

P: Encontrei alguns pelos púbicos na minha cueca. É normal que caiam?

R: Sim. Sempre se perdem pelos de todas as partes do corpo, e em seguida crescem outros novos no lugar. O mesmo ocorre com os pelos púbicos.

¿?¿?¿?¿?¿?¿?¿?¿?¿?¿?¿?¿?¿?¿?¿?¿?

P: Se eu raspá-lo, o bigode crescerá mais rápido?

R: Não, mas pode parecer que sim. O pelo tem ponta fina e é mais grosso perto da raiz. Quando você faz a barba pela primeira vez, está cortando as pontas finas, que são mais difíceis de ver. À medida que o pelo volta a crescer, não vê mais as pontas, e sim a parte mais grossa.

¿?¿?¿?¿?¿?¿?¿?¿?¿?¿?¿?¿?¿?¿?¿?¿?

P: Tenho um pouco de pelo sobre meu lábio superior. Faço a barba apenas a cada duas semanas. Há alguma forma de fazer com que cresça mais rápido?

R: Não há como acelerar o crescimento dos pelos faciais. Mas você ainda é jovem. Em muitos homens a barba não se completa antes dos 20 anos.

Crescer, eis a questão

O estirão

4

Crescemos durante toda a infância, mas na puberdade o fazemos a toda velocidade! Este processo é chamado de *estirão*.

"Media 1,56 m e pesava 50 kg; era o mais baixo da turma. Em seguida, cresci 30 cm de repente e, depois de um ano e meio, cheguei a medir 1,86 m e passei a ser o mais alto."

Quase todos os meninos crescem 5 cm por ano. Mas, uma vez que começa o estirão, alguns podem ganhar até 10 cm anuais. A maioria dos homens cresce entre 23 e 28 cm no período.

Pé Grande?

Durante o estirão todo seu corpo crescerá. Mas algumas partes começam a se desenvolver antes que outras. Adivinhe quais? Sim! Os pés.

"Meus pés crescem tão rápido que, quando compro tênis novos, mal chego a estreá-los, pois logo ficam pequenos. Minha mãe me diz que vai acabar na falência de tanto comprar tênis."

Alguns meninos se preocupam quando veem que os pés aumentam tão rapidamente. Mas não há razão para se preocupar, visto que logo seu desenvolvimento desacelera, enquanto que o resto do corpo continua crescendo.

Depois os ossos longos

Depois dos pés, crescem os ossos longos que estão nos braços e nas pernas. Eles começam a se desenvolver antes do tronco, então podem parecer muito compridos em comparação com o resto do corpo. Talvez você se sinta desajeitado.

Mas não se incomode: em pouco tempo todo o corpo ficará proporcional.

As extremidades desses ossos são moles e podem sofrer lesões. Então, tome cuidado, especialmente se fizer muito exercício.

Entre os 16 e 18 anos, essas extremidades frágeis endurecem e já não há tanto risco de lesão.

(Retomaremos o desenvolvimento dos ossos no Capítulo 5.)

As garotas primeiro

As meninas também têm um estirão. Em quase todas, começa por volta dos 10 anos, enquanto que para a maioria dos garotos não acontece antes dos 12 ou 13. Por isso é frequente que elas sejam mais altas do que os meninos da mesma idade. Mais tarde eles as alcançam e, quase sempre, as ultrapassam.

Quanto vou crescer?

Ninguém pode dizer com certeza qual será sua estatura. Mas há algumas pistas que podem ajudá-lo.

- O seu estirão já começou? Se já era alto antes, provavelmente será alto quando adulto. Se você for um menino baixo, talvez seja um homem baixo. Mas nem sempre funciona assim: alguns meninos são de baixa estatura antes da puberdade, mas depois ficam entre os mais altos da turma!

- Se seu pai for pelo menos 13 cm mais alto que sua mãe, é provável que você fique pelo menos tão alto quanto ele.

O que acontece se algum destes indícios diz que será alto e outro diz que será baixo? Bem, nunca dissemos que eles eram infalíveis! Afinal de contas, são apenas pistas.

É importante lembrar que a estatura depende dos antecedentes familiares. Assim, se sua mãe e seu pai são altos, é provável que você também seja. E se eles forem baixos, você também será. Embora, como é óbvio, isso nem sempre seja tão exato.

Muito alto? Muito baixo?

Muitos meninos não estão satisfeitos com sua altura. Pensam que são "muito altos" ou "muito baixos". Não é fácil se sentir diferente de outros.

"Sou muito alto. Acho que deveria ser jogador de basquete. Às vezes as pessoas fazem gozações com minha estatura."

"Sou baixo e detesto isto. Sempre tenho que olhar para cima quando converso com alguém. Daria qualquer coisa para ser mais alto."

A verdade é que, de fato, você não pode mudar sua estatura. Mas lembre-se de que não precisa ser alto para ser um bom amigo nem para ser divertido, inteligente ou popular.

Desenvolva ossos fortes

Como durante o estirão seus ossos crescem rapidamente, você precisa de muito **cálcio**, uma substância que fortalece o esqueleto. Se não obtiver cálcio suficiente, seu crescimento pode estancar e isso causaria sérios problemas ósseos em você.

Não há forma de compensar mais adiante a falta de cálcio, então se assegure de ingerir muito agora. Como? Incluindo-o em sua dieta e fazendo muito exercício. Beba leite semidesnatado em vez de refrigerantes. Coma outros produtos lácteos, como queijos e iogurte. Alguns alimentos têm cálcio adicionado; observe os rótulos, converse com sua mãe.

Além disso, você precisa de vitamina D e zinco. Estas substâncias ajudam a fixar o cálcio em seus ossos. A D é "a vitamina do Sol" (a exposição aos raios facilita sua absorção). Brinque muito ao ar livre e coma alimentos como carne, peixe e lentilhas, que são ricas em zinco.

Você também precisa fazer exercício, pois vai ajudar o cálcio ingerido chegar aos ossos. Então, não seja preguiçoso e movimente-se. Pratique esportes!

(Voltaremos a falar sobre exercícios no Capítulo 5.)

Perguntas e respostas

P: **Sinto dor nos braços e nas pernas. Dizem que são "dores do crescimento".**

R: Sim, são dores leves e um pouco desconfortáveis. Os médicos não conhecem realmente as causas, mas em geral aparecem por volta dos 13 anos. Você pode senti-las nos braços, nas pernas ou em outras partes do corpo. Cedo ou tarde, desaparecem e não voltam mais. Se o incômodo for constante ou muito intenso, consulte um médico.

P: **O que é escoliose?**

R: A escoliose não é comum nos homens, mas pode aparecer. Acontece quando a coluna vertebral se curva de forma anormal. Na maioria dos casos, só é preciso fazer exames periódicos, para que a curva não fique muito acentuada. Se você tem escoliose, talvez precise usar um colete por um tempo, para corrigir sua postura.

P: **Tomar café ou fumar freia o crescimento?**

R: Não, você não vai parar de crescer. Mas, como precisa fortalecer os ossos, não deve substituir o leite semidesnatado ou outras bebidas ricas em cálcio por chá ou café.

O cigarro também não vai deter seu crescimento. Mas fumar é prejudicial em qualquer idade, especialmente durante a puberdade. Seu corpo está trabalhando muito para crescer rápido e tem menos capacidade para lutar contra as toxinas do cigarro.

P: **Sou muito baixo para minha idade, e meus amigos riem da minha altura. O que posso fazer?**

R: É difícil lidar com pessoas grosseiras. Você pode ser gentil e responder às brincadeiras com humor, ou não dar bola. Pode falar simplesmente: "Não respondo grosserias". Talvez não estejam mal-intencionados: apenas não pensam antes de abrir a boca. Outras pessoas são mal-educadas de propósito; não vale a pena se preocupar com elas.

Mais parecido com um homem

5

Um assunto pesado

Durante a puberdade, você cresce em estatura, mas também ganha peso. Parte deste aumento se dá porque os ossos e os órgãos ficam mais pesados do que os músculos. Os ombros se alargam de tal forma que os quadris parecerão mais estreitos.

Um menino pode aumentar até 9 kg em um único ano. No total, a maioria dos homens ganha entre 20 e 23 kg. Alguns meninos acreditam que estão engordando, mas não é bem assim.

O desdobramento da força

A força do homem aumenta durante a puberdade porque os músculos crescem. À medida que ganha peso, seus músculos terão mais força do que os de uma menina e adquirirão uma forma mais "viril".

Esta mudança será notada depois do aumento de peso e do estirão, e continuará até quase os 20 anos.

Malhação

Todos os meninos pensam que é ótimo ter músculos grandes e estar em boa forma física. E, quando veem na TV e no cinema atores que têm corpos incríveis, muitos supõem que *têm* de ser como eles para ser populares e conquistar garotas. É por isso que começam a fazer exercícios e a levantar pesos.

O importante é ter claro que, por mais que dê duro nos treinos, você não vai ser "saradão" de um dia para o outro. Isso não é possível até as últimas etapas da puberdade. Portanto, tome cuidado com a prática de atividades como a musculação. O treino pesado pode causar lesões. Lembre-se de que durante o estirão, as extremidades ósseas dos braços e pernas são moles e podem se machucar com facilidade. Antes de começar a treinar, consulte um médico, que dirá o que você pode e o que não pode fazer de acordo com a etapa da puberdade em que se encontre. Não faça exercícios por sua conta, só com um instrutor preparado, e respeite as orientações que ele e seu médico lhe derem.

Comer com inteligência

Dê a seu corpo a energia que ele necessita para crescer, comendo uma variedade de alimentos e não muito de um só tipo. Dessa forma, seu organismo receberá tudo o que precisa. Isso é comer com inteligência!

Tente não abusar do *fast-food*. Este tipo de comida tem muito açúcar ou muita gordura (ou ambos), e não contém todos os nutrientes essenciais. Então, aprenda a escolher os alimentos.

No intervalo das aulas, não engula um pacote de bolachas ou de batatas fritas. Prefira uma maçã ou cereais com iogurte ou leite desnatado.

Aqui estão alguns conselhos que vão ajudar você a comer de forma inteligente e a se sentir bem.

• Cuidado com as bebidas

Reduza o consumo de refrigerantes e sucos de fruta açucarados. Beba, em compensação, MUITA ÁGUA. A quantidade necessária depende de seu tamanho, mas tente beber entre quatro e oito copos por dia. O leite desnatado ou semidesnatado também é uma boa opção, pois contém proteínas e cálcio.

• Coma muitas frutas e verduras

Maçãs, bananas, morangos e melões são excelentes. Experimente vegetais crus, como cenouras, para completar um sanduíche ou uma salada. E não se esqueça das verduras de folhas verdes, como espinafre ou alface.

• Coma mais cereais

Os cereais, o pão, o arroz e as massas são fontes de energia. São ricos também em fibras e vitaminas. Prefira o pão integral ao branco e evite os cereais açucarados, que podem ser substituídos por aveia.

• Não se esqueça de tomar o café da manhã

Você precisa de energia para se manter atento e aprender. Está comprovado que os garotos que tomam café da manhã se saem melhor nos estudos. Então, comece o dia com um bom café da manhã. Pode comer fruta com iogurte ou cereais com leite semidesnatado. O pão integral torrado também é uma ótima opção.

• Devagar com o *fast-food!*

Você pode, de vez em quando, se permitir, mas com equilíbrio. Por exemplo, se comer um doce ou uma guloseima no almoço, tente compensar com uma fruta no meio da tarde. Depois de um tempo, já não terá tanta vontade de consumir *fast-food*.

Exercício também é importante

Todos nós precisamos fazer atividades físicas, pois nos permite manter um peso adequado e queimar a gordura da comida que ingerimos, para que não se acumule. Também fortalece o coração e os pulmões, e ajuda a levar o cálcio aos ossos.

À medida que crescemos, nos movimentamos menos. Os adultos são menos ativos do que os adolescentes, e estes menos do que as crianças. Isso é normal, mas às vezes as pessoas ficam muito sedentárias: a maioria dos adultos e adolescentes não faz exercício suficiente.

Não permita que a puberdade o transforme num preguiçoso! Não pare de andar de bicicleta, subir em árvores e correr como um menino.

Quanto exercício você precisa fazer? Você deve ser ativo todos os dias. Pode praticar jogos e esportes, caminhar ou dançar. Qualquer coisa que o mantenha em movimento.

O ideal é fazer 60 minutos de exercício todos os dias da semana. Escolha algo que realmente o faça se mexer. Você precisa respirar muito e fazer com que o coração bombeie sangue com força. Experimente caminhar rápido, correr ou andar de bicicleta. Entrar numa equipe de atletismo ou futebol. Esportes como a natação e o tênis também são excelentes. Você não precisa ser um grande esportista, apenas se acostume a ser ativo.

Perguntas e respostas

P: Quantas porções dos diferentes grupos de alimentos devo comer por dia?

R: Não há uma única resposta para todos, pois dependerá de sua idade e do nível de atividade física que tenha. Cada organismo tem um ritmo diferente. Há na internet alguns sites que podem trazer informações sobre este assunto. De qualquer forma, o ideal é que você procure um médico especializado no assunto (nutricionistas, por exemplo).

P: Meu melhor amigo é musculoso e as garotas sempre se aproximam dele. Mas eu sou alto e magrelo. Já passei por minha etapa do estirão e do aumento de peso, mas não tenho músculos grandes. Por quê?

R: Não sei exatamente em que etapa da puberdade você está. Provavelmente seus músculos ainda crescerão um pouco mais. Mas a verdade é que alguns meninos nascem para ser musculosos, e outros não. É claro que você pode treinar e desenvolver músculos! Mas tenha em conta que existem três formas corporais básicas: há homens que são altos e magros, outros têm tendência a ser robustos e alguns são musculosos e atléticos. Não podemos mudar nossa forma corporal básica. Então, se você é alto e magro, curta o que tem: muitas garotas gostam de rapazes magros. Pode acreditar!

P: Eu gosto de fazer exercício. Na academia, ouvi falar sobre os esteroides. Meus colegas dizem que estas drogas ajudam a desenvolver os músculos. Mas fazem mal, certo?

R: Fazem mal mesmo! Nosso corpo fabrica determinados tipos de esteroides; estes são bons. Mas os que alguns fisiculturistas usam são artificiais e prejudiciais, especialmente durante a puberdade: podem frear o crescimento, encolher os testículos, fazer crescer mamas. Também produzem mau humor ou ataques repentinos e violentos de raiva.

¿?¿?¿?¿?¿?¿?¿?¿?¿?¿?¿?¿?¿?¿?¿?¿?

P: Estou na puberdade. Supostamente deveria parecer mais homem, mas estão crescendo seios em mim. Será que estou me transformando numa garota?

R: Não, é claro que não. A maioria das pessoas acha que mudanças nas mamas só acontecem nas meninas. Estão enganadas: isto acontece nos rapazes também, embora bem menos do que nas garotas. Os mamilos aumentam, as aréolas de pele mais escura que estão ao redor se alargam. Em muitos, além disso, os bicos incham. Isto pode durar até um ou dois anos e é normal; acontece com quase a metade dos garotos.

¿?¿?¿?¿?¿?¿?¿?¿?¿?¿?¿?¿?¿?¿?¿?¿?

Cheiros e espinhas

Guia de sobrevivência

6

O mau cheiro corporal e as espinhas NÃO SÃO DIVERTIDOS! Ninguém fica feliz com esta parte da "maravilha do crescimento". Mas não se preocupe: neste capítulo, você vai encontrar conselhos sobre como encarar estes problemas.

O suor e o cheiro corporal

Suar é natural e saudável, pois o ajuda a se refrescar quando está com muito calor. O suor em si é inodoro, mas desempenha um papel importante no cheiro corporal. Isso é o que acontece...

Durante a puberdade, o suor produzido em lugares como as axilas, a virilha e os pés (áreas onde não chega muita luz nem ar e que são *muito* úmidas) atrai bactérias.

Estas decompõem as moléculas do suor e assim gera o cheiro desagradável que todos nós conhecemos (e sofremos alguma vez).

Para combatê-lo, basta tomar banho todos os dias. As bactérias também vivem na roupa suja, então, lembre-se de trocá-la com frequência. Se mesmo com todas estas precauções o problema persistir, experimente usar um desodorante, que reduz a quantidade de bactérias e disfarça o mau cheiro. A maioria contém antitranspirante, que ajuda a não suar tanto. Mas se o que você usa causar vermelhidão ou ardência, troque-o por outro.

Uma dica: use roupa 100% de algodão. Este material deixa passar o ar, e assim seu corpo se mantém mais seco.

Cheiro nos pés

"Meus pés fedem! Isto me incomoda muito; o cheiro empesteia todo o meu quarto."

Este é um problema muito comum entre os garotos. Lave os pés todos os dias e enxugue-os bem. Use meias 100% de algodão e escolha sapatos feitos de materiais naturais, como couro ou lona, que deixam entrar e sair o ar.

Se o calçado for lavável, lave-o com frequência, e não use o mesmo tênis dois dias seguidos. Os talcos ou aerossóis para os pés também podem ajudar.

Espinhas

"Tenho espinhas muito, muito feias. Lavo o rosto o tempo todo, mas não adianta. Cuido da alimentação, mas não melhora."

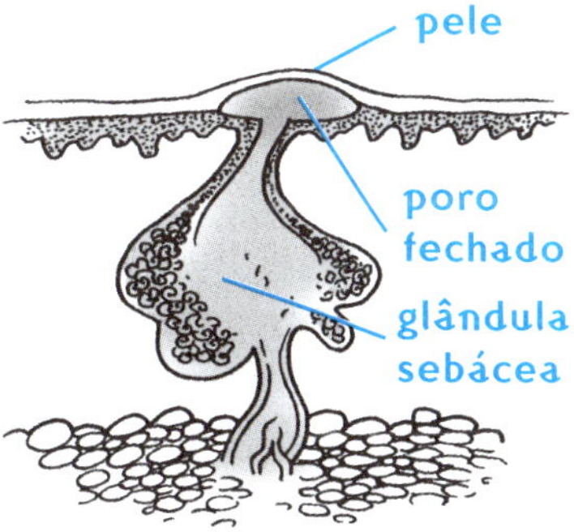

As espinhas e os cravos também fazem parte da puberdade. Vejamos por que aparecem...

Em sua pele existem muitas **glândulas sebáceas** que produzem gordura. Além disso, há uns buraquinhos chamados **poros**. Os poros permitem que a gordura das glândulas aflore à superfície da pele e arraste também células mortas da parte interna. Como na puberdade a pele fabrica mais quantidade de gordura, mais células mortas se acumulam nos poros. Por isso, eles se fecham e a gordura fica retida. O resultado pode ser a acne (aparecimento de cravos ou espinhas).

Agora, a boa notícia: existem várias maneiras de aliviar estes problemas da pele.

Como tratar cravos e espinhas

Não esprema as espinhas, porque as bactérias se espalham e o estado de sua pele piora. Além disso, pode causar cicatrizes que não desaparecerão. É importante manter a pele limpa. Basta lavar o rosto duas vezes ao dia: pela manhã e antes de dormir. Use sabonete neutro e enxugue dando tapinhas, sem esfregar.

Se você pratica esportes e sua muito durante o dia, pode lavá-lo uma vez mais. Mas não exagere: você não vai eliminar as espinhas lavando o rosto com mais frequência. Na verdade, o excesso de lavagem piora as coisas, pois resseca a pele; então, suas glândulas sebáceas começarão a produzir mais gordura e aparecerão ainda mais cravos e espinhas no seu rosto.

Há vários produtos disponíveis para eliminar as espinhas. Leia os rótulos e preste atenção se disserem **"peróxido de benzoíla"**. É o melhor tratamento que se pode comprar sem receita médica. Combate os germes e desentope os poros. Os resultados não são imediatos; na maioria dos casos demora cerca de duas semanas, mas podem passar até dois meses sem que você note alguma mudança. Se depois desse tempo não houver melhora, consulte um médico.

Siga as indicações. Não trate somente as espinhas que tem agora, mas também os lugares onde teve problemas há tempos.

Não abandone o tratamento assim que a pele melhorar, pois as espinhas podem voltar.

O peróxido de benzoíla pode provocar coceira e vermelhidão. Inclusive é possível que no início sua pele pareça pior. Vem em três concentrações: 2,5%, 5% e 10%. Comece pela mais fraca. Depois de um tempo, é provável que seu corpo se acostume ao medicamento. Então, se for necessário, mude para o de 5%. Mais tarde, talvez necessite a de 10%.

Perguntas e respostas

P: Meu cabelo está muito mais oleoso agora. É por causa da puberdade?

R: Sim. Em seu couro cabeludo também há glândulas sebáceas. Estas "trabalham" da mesma forma que as glândulas da pele, e fazem com que seu cabelo fique mais oleoso. Por isso, você deve lavá-lo com mais frequência.

P: Como posso saber se minha acne é grave o suficiente para consultar um médico?

R: Faça a si mesmo as seguintes perguntas. Você fez algum tratamento durante dois meses ou mais e não melhorou? Em sua família há antecedentes de acne? Sua acne começou quando tinha apenas 9 ou 10 anos? Tem no rosto caroços vermelhos e dolorosos que não desaparecem? Suas espinhas deixam cicatrizes?

Se respondeu afirmativamente a alguma destas perguntas, deve consultar um médico.

P: **Minha acne é realmente um horror. Mas meus pais dizem: "Não é nada, com o tempo vai passar". O que posso fazer?**

R: É verdade que, na maioria dos casos, passa com o tempo. Mas você não tem por que sofrer enquanto isso. Além do mais, não vai querer se arriscar a ficar com cicatrizes.

Converse com seus pais e tente explicar o quanto esta questão é importante para você. Escreva uma carta se achar melhor. Experimente também mostrar a eles as respostas às perguntas acima.

¿?¿?¿?¿?¿?¿?¿?¿?¿?¿?¿?¿?¿?¿?¿?¿?

P: **É normal ter espinhas em outras partes do corpo, além do rosto?**

R: Sim. Elas podem aparecer em qualquer lugar onde haja glândulas sebáceas. Com frequência aparecem no pescoço, costas, peito e ombros. São iguais às do rosto e podem ser combatidas da mesma maneira.

¿?¿?¿?¿?¿?¿?¿?¿?¿?¿?¿?¿?¿?¿?¿?¿?

P: **Minha irmã e eu fizemos uma aposta: eu digo que os garotos têm mais espinhas do que as garotas. Quem tem razão?**

R: Você venceu!

O que acontece com meu "amigo"?

Tudo sobre as ereções

7

Seu pênis fica rígido e sobressai do seu corpo. Seu escroto está mais tenso. Os testículos sobem. O que está acontecendo? Você está tendo uma ereção!

"Ficar de pau duro" é só uma das expressões coloquiais para nomear uma ereção. Há muitas outras que talvez você conheça como "armar a barraca", por exemplo. Mas, independentemente de como você a chame, vai tê-la durante toda a vida, e com maior frequência durante a puberdade. Vejamos como é produzida.

Ereções: os bastidores

O interior do seu pênis é formado por uma malha esponjosa que tem milhões de buraquinhos minúsculos. A maior parte do tempo, esses espaços estão vazios e o pênis fica mole. Quando você tem uma ereção, o sangue flui até encher todos esses buraquinhos, e por isso a malha esponjosa incha. Então o pênis fica rígido, aumenta e fica ereto.

Uma ereção pode se produzir lentamente ou em questão de segundos. Pode durar bastante ou desaparecer em seguida, mas cedo ou tarde vai embora. O sangue se retira, os espaços da malha esponjosa se esvaziam e o pênis volta a ficar mole.

As ereções e a puberdade

Às vezes, o simples fato de pensar em sexo é suficiente para provocar uma ereção. Mas nem sempre ela se origina assim, e isto é especialmente verdade durante a puberdade. Você pode ter uma mesmo que não esteja fazendo nem pensando em nada sexual. São **ereções espontâneas**.

"Tinha vergonha de que acontecesse na frente dos meus colegas da escola."

"Quando acontecia, começava a pensar em outras coisas, como jogar futebol. Fazia alguma coisa para esconder o 'amigo'."

Sentir que está tendo uma ereção na frente de outras pessoas pode ser embaraçoso. Mas não se esqueça de que talvez os outros não notem isso tanto quanto você. Há várias formas de enfrentar a situação. Por exemplo, use uma camiseta comprida para fora da calça. Amarre um moletom na cintura de modo que as mangas o escondam. Cubra-o com um livro, ou sente quando notar que está acontecendo. Tente pensar em qualquer outra coisa até que vá embora.

É grande ou pequeno?

Para os homens, o tamanho do pênis é um assunto ENORME. Assim, se você está preocupado com o tamanho do seu, não está sozinho! Muitos garotos me perguntam a respeito.

"Quando olho à minha volta no vestiário, acho que todos os meus colegas têm o pênis maior que o meu."

Talvez você ache que o seu pênis seja pequeno, mas não se esqueça de que ele ainda está crescendo. Lembre-se de que seu desenvolvimento não começa realmente até a Etapa 3, e de que ele não alcança o tamanho completo até a Etapa 5. Além disso, o pênis pode variar de tamanho por outras causas: por exemplo, se estiver frio, tende a encolher. Talvez você o tenha observado depois de nadar.

Como medi-lo?

A longitude do pênis ereto é medida do ponto em que este se une ao corpo até a ponta. É fácil medi-lo: você só precisa esperar ter uma ereção. Coloque uma trena ou fita métrica em cima do seu pênis e estique-o o mais reto possível (sem forçar, é claro). Pressione uma das extremidades da trena sobre a região púbica e depois meça a distância até a ponta.

Quando ocorre uma ereção, um pênis que é pequeno em estado normal pode aumentar muito mais de tamanho. Em compensação, os que são originalmente longos costumam crescer menos quando ficam eretos.

Você pode achar que há muitos estudos científicos sobre o tamanho do pênis, mas não é assim. O que podemos confirmar é o que se cumpre na maioria dos homens adultos (7 em cada 10): os pênis eretos medem entre 14 e 17 cm de comprimento. Mas importa realmente o quanto ele mede? Claro que não! Por acaso as pessoas

o julgam pelo tamanho do seu nariz ou do dedão do pé? E, se fizessem isso, seria uma tolice, não acha?

Ângulos e curvas

O ângulo que o pênis ereto forma não é sempre igual em todos os homens: algumas ereções se dirigem para cima, outras para a esquerda ou direita, e há até as que apontam para baixo.

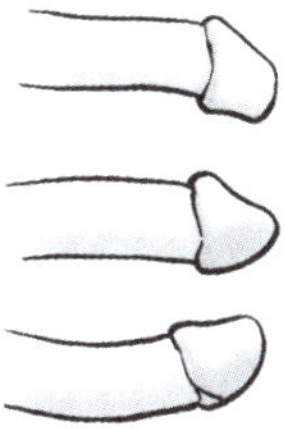

Estas diferenças são perfeitamente normais. Certamente, se o seu pênis estiver ereto só parcialmente não terá o mesmo ângulo do que quando estiver completamente.

Perguntas e respostas

P: Quando tenho ereções sinto dor perto da glande. O que devo fazer?

R: Se doer toda vez que tiver uma ereção, é melhor consultar um médico. Na verdade, convém que faça isto sempre que sentir uma dor no pênis que não desaparece de um dia para o outro. Mas fique tranquilo e não tenha vergonha; o médico está preparado para cuidar de todo o seu corpo, inclusive desta parte.

P: Há alguma forma de aumentar o pênis? Meu tio disse que se amarrar um peso na ponta, ele aumenta. Isso dá certo?

R: Não, não dá. Pelo contrário, se fizer isso pode inclusive estirá-lo e causar um problema sério.

P: **Tenho ereções quando acordo de manhã. É normal?**

R: É completamente normal. Na verdade, você também tem ereções durante a noite enquanto dorme, sem se dar conta.

P: **É verdade que os homens de pés grandes têm pênis grandes?**

R: Não existe nenhuma relação entre o tamanho do pênis e o de qualquer outra parte do corpo.

P: **Meu pênis é longo porém fino. É normal?**

R: Sim. A regra básica é: vale tudo.

Uma fábrica em ação

Formação de espermatozoides e ejaculação

8

Durante a puberdade, também se produzem mudanças nos órgãos sexuais internos de seu corpo. Você não pode vê-las, mas sabe que estão acontecendo, pois há indícios externos.

Os testículos trabalham o tempo todo

Dentro de seus testículos começa a ser produzido o hormônio sexual masculino, chamado **testosterona**. Os **hormônios** são substâncias que levam "instruções" a diferentes partes do corpo, dizendo a estas como devem funcionar. A testosterona faz o pênis e os músculos crescerem e aumenta sua força. Além disso, é a responsável por muitas outras mudanças da puberdade.

Os espermatozoides

Além deste hormônio, os testículos começam a produzir **espermatozoides**, que são as **células reprodutoras** masculinas.

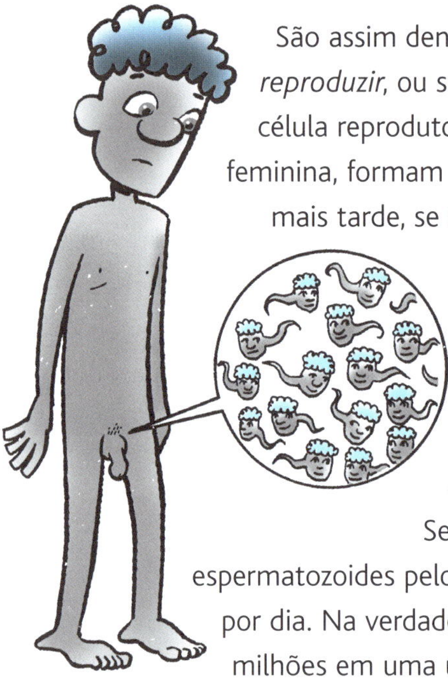

São assim denominadas porque permitem *nos reproduzir*, ou seja, fazer bebês. Quando uma célula reprodutora masculina se une com uma feminina, formam um *embrião* que, nove meses mais tarde, se transforma num bebê.

É obvio que o fato de você ter espermatozoides não significa que esteja pronto para ser pai. No entanto, seu corpo já está se preparando para o momento em que você deseje formar uma família. Seus testículos fabricarão espermatozoides pelo resto da vida. Produzem muitos por dia. Na verdade, conseguem fazer até três milhões em uma única hora!

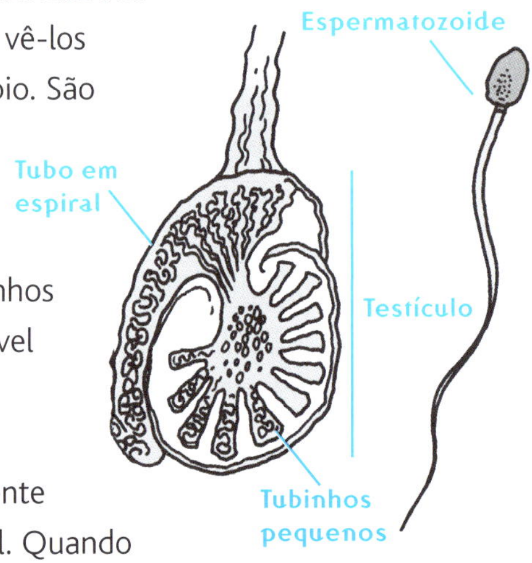

Os espermatozoides são tão pequenos que para poder vê-los você precisa de um microscópio. São gerados no interior de uns pequenos tubos que estão dentro dos testículos e formam uma rede. Estes tubinhos são tantos que, se fosse possível desenrolá-los e esticá-los de ponta a ponta, chegariam a medir uma longitude equivalente à de vários campos de futebol. Quando os espermatozoides saem dos testículos por estes tubinhos, passam a outros, em espiral, de maior tamanho. Há um em cima e outro atrás de cada testículo. Ali os espermatozoides são armazenados enquanto amadurecem. É possível que você possa apalpar e sentir os tubos maiores.

A ejaculação

Durante a puberdade, os meninos *ejaculam* pela primeira vez. Na **ejaculação**, uma mistura de fluidos corporais e de espermatozoides sai pela ponta do pênis. Vejamos como isto funciona.

Quando um homem está para ejacular, o pênis está ereto. Na figura, você pode ver os tubos que descrevemos, ligados a cada testículo. No instante anterior à ejaculação, os músculos bombeiam espermatozoides através destes tubos para que passem ao corpo. Ali, misturam-se com fluidos corporais, e se forma uma substância chamada **sêmen**. O sêmen passa a outro duto que corre ao longo do pênis (a urina também circula por ali, mas nunca se mistura com os espermatozoides).

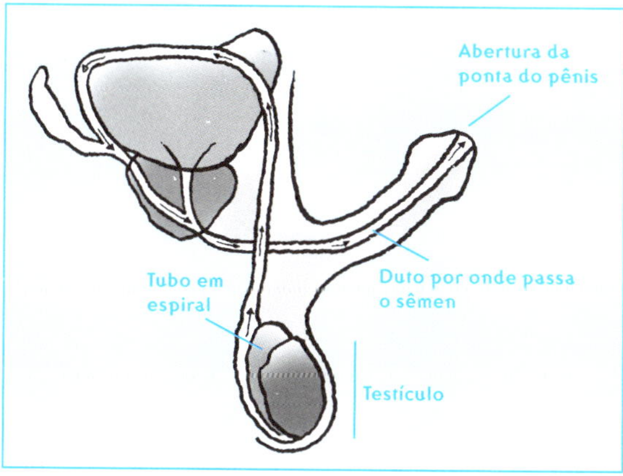

Durante a ejaculação são produzidas fortes contrações musculares que empurram o sêmen até fazê-lo sair pela ponta do pênis. Sai apenas uma colher de sopa de fluido no total; parece pouco, mas contém entre 300 e 500 milhões de espermatozoides!

Depois da ejaculação, o pênis volta ao tamanho normal; isto pode acontecer logo em seguida, ou mais lentamente.

Quando vou ejacular pela primeira vez?

Alguns meninos ejaculam no início da puberdade; outros não o fazem até muito mais tarde. A maioria começa entre os 11 e os 15 anos.

Há meninos que têm sua primeira ejaculação enquanto dormem. Quando isso acontece, diz-se que têm um **"sonho molhado"**, ou uma **"polução noturna"**. Às vezes, não sabem bem o que aconteceu e podem achar que fizeram xixi na cama. O sêmen pode parecer pegajoso ou talvez tenha secado; se estiver seco, deixa uma mancha clara na roupa de cama.

Não sinta vergonha quando ejacular pela primeira vez. Afinal, é o indício mais forte de que você está se tornando um homem.

Perguntas e respostas

P: **Tomei um chute nos testículos enquanto jogava futebol e doeu muito. Por que eles ficam pendurados do lado de fora, tão expostos a sofrer um acidente?**

R: É uma boa pergunta, e há uma boa resposta. Como você sabe, os espermatozoides são produzidos nos testículos. Para isso, eles devem estar à temperatura correta, que é sempre um pouco mais baixa que a do resto do corpo. É por isso que os testículos ficam pendurados lá embaixo, no escroto, onde está mais frio e o ar circula ao seu redor. O escroto se ocupa de manter a temperatura adequada. Se estiver frio, encolhe para aproximar mais os testículos do corpo e assim mantê-los mais quentes. Se estiver calor, os mantém mais abaixo, para que possam esfriar.

¿?¿?¿?¿?¿?¿?¿?¿?¿?¿?¿?¿?¿?¿?¿?¿?

P: **Ejaculei algumas vezes. Pensava que o sêmen era branco e cremoso, mas o meu é transparente e um pouco alaranjado. Por quê?**

R: Quando um menino ejacula pela primeira vez não há muitos espermatozoides em seu sêmen, por isso este é mais claro e ligeiramente amarelado ou alaranjado. Conforme você crescer, produzirá mais espermatozoides e então seu sêmen será mais branco e cremoso.

P: Tenho muitos "sonhos molhados". Como posso parar com isso?

R: Você não pode evitá-los. É simplesmente uma coisa que acontece, e isto é totalmente normal e natural.

P: Acabo de aprender o que é a ejaculação. Que nojo! O sêmen e a urina saindo do corpo pelo mesmo orifício! É assim mesmo?

R: Sim, ambos são eliminados pelo mesmo orifício. Mas não é nojento, porque nunca se misturam nem saem ao mesmo tempo. Isso é importante, porque a urina mataria os espermatozoides.

P: **Por causa de um acidente de bicicleta, tive um testículo extirpado. Poderei ser pai assim mesmo?**

R: Sim, porque o testículo que resta produzirá espermatozoides suficientes.

P: **Às vezes, sai uma gota de líquido transparente do meu pênis quando tenho uma ereção, antes de ejacular. O que é isto?**

R: Não é sêmen. Chama-se *líquido pré-ejaculatório*, mas pode haver alguns espermatozoides nele também.

P: **Vi em meu sêmen alguns resíduos fibrosos. É normal?**

R: Imediatamente depois da ejaculação, o sêmen é esbranquiçado e cremoso, mas, depois de alguns minutos, pode mudar e então parece como se houvesse fiozinhos misturados nele.

P: **Ouvi dizer que se eu ejacular com muita frequência, posso ficar sem espermatozoides. É verdade?**

R: Não, isso não vai acontecer. Todos os dias seu corpo produz milhões e milhões de espermatozoides. Não há como ficar sem eles.

P: **Se não ejacular, o que acontece com todos esses espermatozoides?**

R: Não acontece nada. O corpo absorve tudo.

Dono do mundo

Seja você mesmo

9

Durante a puberdade, você adquire sua própria personalidade. Aparecem mais responsabilidades e você aprende que tem o direito de ter os próprios sentimentos e pensamentos. Provavelmente tenha interesses diferentes dos da infância. Tudo isso faz parte de ser você mesmo.

Nesta etapa surgirão coisas novas e emocionantes. Você pode conhecer novos amigos; talvez o entusiasmem outros passatempos, como ler ou praticar esportes.

Talvez queira escolher a própria roupa e ouvir um tipo de música que antes não chamava sua atenção. Também pode ser que se interesse mais por seu futuro. É provável que algumas destas coisas novas o agradem e outras o inquietem um pouco.

Você vai se sentir inspirado em alguns momentos, e aflito e confuso em outros. Haverá ocasiões em que desejará que voltem os velhos tempos, quando era "apenas um menino". Os sentimentos, frequentemente, são contraditórios; saber disto também faz parte de crescer.

Mantenha a comunicação com sua família

Durante este momento de sua vida, as relações entre você e seus pais mudam bastante. Antes, você era criança, e eles cuidavam de você. Compravam sua comida e sua roupa, e tomavam quase todas as decisões importantes por você. Mas, ao final da puberdade, a situação será bastante diferente: certamente você sairá sozinho para dançar ou se reunir com seus amigos. Talvez ganhe seu próprio dinheiro. Estará em pleno caminho de se tornar adulto: aos poucos, deixará de ser totalmente dependente de seus pais e será quase independente. É uma mudança grande, tão grande que é possível que haja alguns problemas durante o processo.

"Por que não posso voltar para casa de madrugada?" "Por que meus pais não gostam dos meus novos amigos?" "Por que não respeitam minhas ideias?" "Por que ainda devo ir dormir na hora que eles determinam?". Todas estas perguntas podem surgir na puberdade, e às vezes parecem difíceis de responder.

Talvez você ache que seus pais estão "por fora" ou que são muito severos. Mas lembre-se de que eles também precisam se ajustar às mudanças. Este é um período em que você e sua família devem se manter em comunicação. Então, converse com eles sobre o que pensa e tente prestar atenção ao que têm para dizer a você.

Como dizer NÃO à pressão dos amigos

Os amigos

Na puberdade você encontrará novas maneiras de se relacionar com seus colegas, e também com as garotas. Alguns meninos terão muito em breve amores ou sentimentos românticos, outros demorarão um pouco mais para se interessar por estes assuntos. Cada um tem seu próprio tempo.

É provável que você faça novos amigos ou talvez se apegue ainda mais aos de sempre. Em alguns momentos, achará que só consegue se sentir bem quando está com eles.

A amizade é ótima, mas às vezes alguns meninos procuram convencer outros a fazer alguma coisa errada. Isso se chama "a pressão das amizades", e pode levá-lo a fazer uma coisa que seja ilegal ou que viole certas regras, só para ir na onda dos amigos e se sentir parte do grupo. Pode ser roubar algo de uma loja, enganar ou mentir. Ou fumar, beber ou consumir drogas. Tente decidir por si mesmo. Resista à pressão e não se deixe levar pelo que a maioria faz se não acha certo. Aliás, isto nem sempre é fácil, mas faz parte do processo de adquirir sua própria personalidade.

A intimidação e a perseguição na escola

Você sabe o que é intimidar: é o que acontece quando um menino ou um grupo deles machuca ou assusta outros. Os valentões gostam de se enfurecer com aqueles que têm dificuldades para se defender sozinhos. Pode-se intimidar alguém fisicamente (batendo ou empurrando), ou fazendo comentários perversos ou brincadeiras pesadas. E estas situações podem se repetir seguidas vezes.

A perseguição sexual é parecida com a intimidação: acossar significa incomodar. Neste caso, implica perturbar de uma maneira relacionada com o sexo, como por exemplo:

- Fazer comentários grosseiros sobre o corpo de uma pessoa
- Brincar e insultar
- Baixar a calça de alguém

Todos temos direito de nos sentir a salvo e felizes na escola, a aprender, estudar e praticar atividades esportivas em um ambiente confortável. A intimidação interfere neste direito; pode impedi-lo de prestar atenção na aula ou de integrar uma equipe, ou mesmo de andar tranquilamente pelos corredores.

Quando outros meninos nos incomodam, é comum que alguns nos digam para não ligarmos. Este conselho pode ser acertado algumas vezes, mas na maioria delas não dá resultado. Alguém precisa fazer frente ao perseguidor. Se o intimidarem ou você ver *outro* sendo intimidado:

- Não tenha medo de falar com um adulto; pode ser sua mãe, seu pai ou um professor. Assegure-se de contar exatamente o que aconteceu.
- Fale com o diretor ou diretora de sua escola e investigue como castigam ali este tipo de agressões. A perseguição sexual é ilegal, e as autoridades escolares *devem* tomar medidas para que não aconteça!

Não deixe que um bobalhão o faça acreditar que você não é uma boa pessoa. Você é e merece o respeito de todos. Não deixe que o assustem. Faça o que for necessário para que a situação não continue e, é obvio, nunca intimide nem acosse outros.

O abuso

Seu corpo lhe pertence. Ninguém tem permissão para tocar onde você não quer que toquem. Não importa se essa pessoa é um pai, um familiar, um amigo, um religioso ou um desconhecido. Ninguém deve tocar em você de uma forma que não lhe pareça certa.

Se alguém o tocar desta forma, não guarde segredo. Aconteça o que acontecer, você não fez nada de errado. Você é um menino. Não importa o que digam, você não tem culpa e não deve proteger a pessoa que lhe fez isso. Converse com um adulto em quem confie. Conte tudo e deixe que ele o ajude.

Palavras finais

A puberdade traz muitas mudanças com as quais às vezes você se sentirá bem e outras nem tanto. Os hormônios novos que seu corpo está produzindo afetarão seus sentimentos e você sentirá alterações em seu estado de espírito. É importante que procure alguém com quem conversar sobre o que o preocupa.

Espero que as páginas deste livro o tenham ajudado a saber como seu corpo muda, explorar suas sensações e enfrentar as dificuldades do desenvolvimento.

Mas nenhum livro é perfeito: provavelmente você vai querer saber mais. Talvez ainda tenha perguntas que deseja ver respondidas. Então, converse com outros a respeito da puberdade. Faça perguntas a seus pais, professores e a outros familiares. Não seja tímido; vá à biblioteca e procure outros livros sobre o assunto. Investigue tudo o que puder a respeito desta época tão especial de sua vida. E curta seu crescimento!

Índice

Sua opinião é importante!

Escreva um e-mail para

opiniao@livropresente.com.br

com o título deste livro no "Assunto".